Collection : « De l'œil à l'Être »

La jeune fille de l'eau

Notre vie a un sens

Du même auteur

- Témoins de lumière - Des aventures ordinaires
- Recueil de l'Être
- Cœur de Framboise à la frantonienne

Suite romanesque : Le livre sacré

- Kumpiy - Le livre sacré - Tome 1 - L'œil et le cobra
- Kumpiy - Le livre sacré - Tome 2 - La confrérie du cobra
- Kumpiy - Le livre sacré - Tome 3 - Tara la guérisseuse

La Collection « de l'œil à l'Être »

- « Kung Fu Panda 1 » - la puissance du « croire »
- « Kung Fu Panda 2 » - La voie de la paix intérieure
- « La Belle Verte » - Retrouver sa nature
- « Inception » - Rêve, sommeil et manipulation
- « V pour Vendetta » - Vi Veri Veniversum Vivus Vici
- « Equilibrium» - Une vie sans émotions
- « Les fils de l'homme » - L'espoir au corps

http://www.les-bouquins-d-ygrec.com

Collection : « De l'œil à l'Être »

Dans la collection

« De l'œil à l'Être »

La jeune fille de l'eau

Notre vie a un sens

Ygrec

© 2015
Auteur : Ygrec
Production et éditeur : Édition : Books on Demand, 12/14 rond-point des Champs-Elysées, 75008 Paris, France.
Imprimé par Books on Demand GmbH, Norderstedt, Allemagne. »

Deuxième édition

ISBN : 9782810618774
« Le Code de la propriété intellectuelle interdit les copies ou reproductions destinées à une utilisation collective. Toute représentation ou reproduction intégrale ou partielle faite par quelque procédé que ce soit, sans le consentement de l'auteur ou de ses ayants cause, est illicite et constitue une contrefaçon, aux termes des articles L.335-2 et suivants du Code de la propriété intellectuelle. »

Collection : « De l'œil à l'Être »

LA COLLECTION « DE L'ŒIL A L'ÊTRE »

Lors de mes conversations avec mes lecteurs et mes élèves, lorsque je réponds à leurs questions, oralement ou par écrit, j'ai l'habitude d'illustrer mes propos d'exemples de la vie courante. Je leur propose aussi la lecture de livres. Je leur conseille de regarder certains films. Je leur recommande surtout de lire ou de voir autrement.

Ils sont nombreux ceux qui me demandent, ou qui m'ont demandé, de publier des analyses, sur ce que je présente comme des références, lors de cet apprentissage difficile qui est celui qui mène à soi-même !

La collection « De l'œil à l'Être » devrait répondre aux attentes de certains, et je l'espère, de beaucoup.

Aucun des ouvrages ne constitue une analyse complète, mais chacun peut devenir un outil de développement personnel. Il s'agit d'apprendre à voir autre chose, de chercher un sens différent à ce qui nous entoure. Rappelons-nous que rien n'est caché. Le plus souvent, c'est nous qui ne savons pas voir.

Il est bien évident que ce que j'écris n'engage que moi, et non les auteurs, scénaristes, dessinateurs, producteurs, acteurs, qui ont exprimé ce qu'ils souhaitaient exprimer, et nous sommes libres d'apprécier ou pas, de comprendre ou pas, et même, de comprendre différemment. Je n'essaie pas de faire dire ce qui n'a pas voulu être dit, mais je tente simplement de faire passer un ressenti, le mien.

Le texte n'énonce pas des vérités, il a valeur de proposition pour illustrer les nombreuses notions et concepts de la voie spirituelle.

Même si tout n'est pas dit, même si tout n'a pas été saisi, ces auteurs, scénaristes, dessinateurs, producteurs, acteurs, etc....ont su éveiller la curiosité et l'intérêt, et de cela, je les remercie. Ils doivent savoir que je m'efforce de me conformer à la loi en matière de droits d'auteur, et ne publie aucune photo, aucun texte en intégralité (je me permets toutefois certaines citations courtes), je n'organise aucune projection. Je continue, comme je l'ai toujours fait, de conseiller un livre, un film, etc, dont certaines parties sont, pour moi, de bons exemples à donner, complétant à merveille ceux de mon vécu personnel.
Si quelque chose m'avait échappé, compte tenu de la complexité législative, je leur serais reconnaissante de m'en prévenir et de m'en excuser.

Il ne sera pas inutile de préciser, à l'intention de mes lecteurs, que je n'ai de contrat avec aucun auteur, éditeur ou producteur, etc. J'écris ce que je pense, et cela, toujours dans le même but : aider les autres, et par voie de conséquence, m'aider moi-même.

Chacun des ouvrages de la collection « De l'œil à l'Être » traite d'une œuvre (film, pièce de théâtre, livres etc.). Les titres, les auteurs, les éditeurs, les distributions (lorsqu'il s'agit de ciné-

Collection : « De l'œil à l'Être »

ma), enfin tout ce qui est nécessaire à une identification exacte sans confusion possible, sont clairement énoncés. Tous les livres de la collection comportent une étude rapide des personnages et de certaines séquences. Ils abordent des sujets ayant un rapport direct avec l'œuvre mais aussi d'autres, dont la suggestion m'a paru intéressante. Nous chercherons ainsi à saisir les situations présentées, à trouver les effets et les causes, pour en tirer un enseignement, pour essayer de nous comprendre et de comprendre les autres. Les sujets généraux seront, à dessein, partiellement traités, et selon l'optique de l'œuvre. Ils trouveront leurs compléments dans un ou d'autres livres. Il est inutile d'aller trop vite.

D'un ouvrage à l'autre, nous retrouverons parfois, à l'identique, les introductions à certains paragraphes. C'est qu'il s'agira d'appréhender le sujet avec les mêmes techniques. D'autres fois, tout sera différent.

La collection « De l'œil à l'Être » existe, non pour imposer un point de vue, encore moins pour extraire des messages que l'auteur a souhaité transmettre (lui seul peut en parler) mais pour proposer des pistes de réflexion, libre à chacun de voir autre chose ou de ne rien voir du tout.

Amis lecteurs ouvrons grands les yeux de l'intérieur et prenons les chemins de l'Être.

La jeune fille de l'eau – Notre vie a un sens

Collection : « De l'œil à l'Être »

INTRODUCTION

Cet ouvrage est consacré à « La jeune fille de l'eau ».

Mal accueilli par la critique et affublé de tous les qualificatifs désobligeants, ce film est resté incompris ou inconnu de beaucoup. Quel dommage !

Mais M. Night Shyamalan a son public, un public fidèle qui sait depuis longtemps, que l'apprécier, c'est aussi chercher du sens dans les détails, et surtout, regarder plus loin que le bout de son nez.

C'est ce que nous essaierons de faire dans ce livre.

C'est un film souvent drôle, plein de poésie et de sens justement. C'est avant tout, un conte inventé par le réalisateur lui-même, et raconté à ses filles. C'est une histoire qui nous montre la singularité dans l'ordinaire, et l'humilité dans l'extraordinaire. Il nous permet de donner une autre signification au mot « hasard ».

Comme tous les contes, il dessine un fil initiatique que nous sommes libres de suivre ou d'ignorer. Apparemment, beaucoup de critiques ont décidé de passer leur chemin. C'est leur droit !

Les contes seraient destinés aux enfants ! Je crois qu'ils ont un rôle à jouer auprès de chacun de nous. Sous leur apparence fantastique ou naïve, ils cachent de nombreux messages. Notre regard d'adulte nous rend souvent aveugles et sourds.

Observez un enfant qui écoute une histoire, les yeux et la bouche grands ouverts, l'immobilité soudaine, le léger tremblement des épaules au moment du danger, les sourires et les rires quand vient la victoire du héros, mais surtout les regards captivés qui s'assombrissent ou qui s'éclairent.

Le temps du récit, l'enfant croit au monde créé par le conteur, il est « SA réalité » à ce moment précis.

Il revient ensuite dans notre monde avec plus ou moins de facilité, selon sa capacité à se détacher, selon aussi, son envie de le réintégrer.

C'est pour cela, chers lecteurs, que je vous demande de regarder ce film en retrouvant votre âme d'enfant. Pendant 105 petites minutes, oubliez la rationalité. Laissez-vous porter par les images, par l'histoire, et par la musique magnifique. D'une puissance évocatrice extrême, ou d'une douceur infinie, cette musique accompagne si bien la poésie de M. Night Shyamalan, qu'elle nous transporte au-delà de nous-mêmes.

N'essayez rien ! Ne cherchez pas ! Recevez !

Une fiche technique présentera d'abord le film puis nous passerons à l'étude proprement dite.

Pour profiter pleinement de ce livre, il est évidemment indispensable d'avoir vu le film au préalable. Si ce n'est pas le cas, il n'y a plus qu'à le refermer. Non seulement il est utile de connaître l'histoire du début à la fin avant de continuer, mais la lecture prématurée de cet ouvrage vous ferait peut-être oublier le spectacle, et ce serait dommage. Car n'oublions pas qu'il s'agit d'abord d'un spectacle à apprécier pleinement en tant que tel. Cependant, et pour tous ceux qui ne pensent pas pouvoir regarder ce film dans l'immédiat, je les invite à lire les chapitres « Comprendre » et « À l'écoute des autres » pour lesquels ils ne devraient pas se sentir perdus. Il est intéressant de regarder une deuxième fois le film étudié dans cet ouvrage, en notant ce qui paraît remarquable, en essayant de cerner les personnages, et en repérant les séquences à étudier. Mais, pour cette deuxième projection, chacun fera, après tout, comme il l'entend, comme il le sent. L'important est de se sentir à l'aise en pratiquant ces exercices qui ne doivent pas devenir une torture pour l'esprit, mais un jeu.

La jeune fille de l'eau – Notre vie a un sens

Collection : « De l'œil à l'Être »

SYNOPSIS ET FICHE TECHNIQUE

Synopsis : Un gardien d'immeuble (Cleveland Heep), enfermé dans sa routine, découvre, une nuit, une jeune fille (Story) dans la piscine. Cette jeune fille se révélera être une nymphe venue d'un autre monde pour délivrer un message aux hommes. Sa mission accomplie, elle pourra retourner chez elle. Mais sa visite n'est pas sans danger, et elle devra compter sur l'aide de Cleveland et de ses locataires pour échapper au monstre qui la menace.

Fiche technique :

Titre : La Jeune Fille de l'eau

Titre original : Lady in the Water

Réalisation : M. Night Shyamalan

Scénario : M. Night Shyamalan

Production : M. Night Shyamalan

Société de production : Warner Bros. et Blinding Edge

Photographie : Christopher Doyle

Musique : James Newton Howard

Montage : Barbara Tulliver et Dale Taylor

Pays : États-Unis

Lieu de tournage : Pennsylvanie
Durée : 105 minutes
Dates de sortie : États-Unis : juillet 2006, France : Août 2006

Distribution :

Paul Giamatti : Cleveland Heep

Bryce Dallas Howard : Story

Jeffrey Wright : Mr. Dury

Bob Balaban : Harry Farber

Sarita Choudhury : Anna Ran

Cindy Cheung : Young-Soon Choi

M. Night Shyamalan : Vick Ran

Freddy Rodriguez : Reggie

Bill Irwin : M. Leeds

Mary Beth Hurt : Mlle Bell

Noah Gray-Cabey : Joey Dury

Joseph D. Reitman : le fumeur à cheveux longs

Jared Harris : fumeur à barbichette

Grant Monohon : Phat, le fumeur émacié

John Boyd : le fumeur à un seul sourcil

Ethan Cohn : le fumeur à lunettes

Collection : « De l'œil à l'Être »

Tovah Feldshuh : Mrs Bubchik

Tom Mardirosian : M. Bubchik

June Kyoto Lu : Mrs. Choi

Les filles de Perez de la Torre : Monique Gabriela Curnen, Maricruz Hernandez, Carla Jimenez, Natasha Perez

James Breen : l'agent de la SPA

David Ogden Stiers : le narrateur

George Bass : M. Perez de la Torre

Box-office France : 3 046 960

Sortie DVD : 28 février 2007

La jeune fille de l'eau – Notre vie a un sens

Collection : « De l'œil à l'Être »

ENVIRONNEMENT

Toute l'histoire se déroule aux États-Unis, à Philadelphie, dans une résidence, et autour de sa piscine. Le gardien de l'immeuble, Cleveland Heep, assume sa tache routinière avec dévouement.

L'immeuble regroupe des personnes venant d'horizons les plus divers. C'est un peu, un reflet de l'Amérique d'aujourd'hui. C'est aussi celui de notre société.

La résidence est un monde, à l'intérieur d'un autre monde.

De même, chaque cellule de notre corps est un monde à part entière, avant de faire partie de celui, plus vaste, qu'est notre corps. Ce corps est lui-même un brin de paille posé sur la terre, planète minuscule comparée à l'univers.

Jusqu'à l'arrivée de la narf, les locataires de cette résidence étaient des gens tout à fait ordinaires. Ils le resteront après son départ, mais, pour tous ceux qui auront approché Story, la vie aura un autre goût, elle aura plus de sens. Ils se seront prouvé qu'ils sont capables du meilleur si on leur en donne l'occasion.

Ordinaires et capables du meilleur ! Comme la majorité d'entre nous en somme !

La jeune fille de l'eau – Notre vie a un sens

LES PERSONNAGES

Premier aperçu

Tout démarre avec des personnages totalement ordinaires, dans un milieu ordinaire. On a même parlé de caricatures. C'est un peu vrai ! Mais au fur et à mesure, nous découvrons la singularité de chacun. Quand apparaît la nymphe, l'extraordinaire est présent, mais le personnage nous dévoile, peu à peu et avec humilité, ses peurs et sa fragilité. Tout le monde se rejoint alors, ni dans l'ordinaire, ni dans l'extraordinaire, mais dans la complémentarité.
En y réfléchissant bien, nous pouvons nous reconnaître dans tous les personnages. Il y a un peu de nous dans chacun. Ne sommes-nous pas, parfois, de simples caricatures ou de simples images de ce que nous voulons paraître ?
Chacun de nous est une caricature aux yeux des autres tant qu'il n'a pas libéré sa vraie nature, tant qu'il n'a pas ouvert sa porte intérieure. Nous gardons cette porte si bien fermée que nous en oublions son existence.

Les personnages

Cleveland Heep est un être sensible et pur. Il est au service des autres. Il l'était dans son premier métier, puisqu'il était médecin, et il l'est encore dans cette résidence où il est venu s'enterrer et s'oublier. Persuadé qu'il a failli, il y est venu en renonçant à la vie qui l'a trahi, en refusant de continuer à donner de sa personne, il ne veut plus soigner. Il a pourtant besoin d'être utile aux autres, et il donne autrement.

Story est la nymphe venue du monde des eaux pour délivrer un message aux hommes. C'est un être naïf et pur. C'est une enfant, une enfant qui a la connaissance et la sagesse. Elle accomplit sa mission, non sans s'attacher aux personnes qu'elle rencontre, et dont elle connaît tout. C'est cet amour qu'elle vient donner. Et il en faut pour quitter les lieux connus et courir les dangers qui la feront peut-être périr avant le retour. C'est cet amour, qui apaise, qui guérit et qui transforme tous ceux qu'elle approche. L'innocence et la pureté sont des handicaps dans le monde terrestre, mais sont deux des lumières éclairant le chemin intérieur.

Young-Soon Choi est étudiante. Elle prête des livres à Cleveland. Celui-ci lui demande de rechercher la signification du mot narf. Young Soon n'a pas tout oublié des histoires de son enfance. Prise au jeu, elle voudra croire au conte fantastique qu'elle reçoit au compte-gouttes en même temps que Cleveland. Elle vit entre la tradition et la modernité, entre ce qu'elle est réellement, et ce qu'elle veut être. Elle deviendra, à son insu, le lien qui permettra de résoudre l'énigme. Ce rôle la rapprochera de ses racines.

Mme Choi s'enferme pour se protéger des « étrangers » qui ont, sans doute, des mœurs étranges pour elle, surtout quand sa fille s'y conforme. Elle est la gardienne des traditions et des connaissances ancestrales. Raconter l'histoire c'est, pense-t-elle, un peu trahir sa culture qui ne peut pas être comprise. Seul un enfant est digne d'entendre les aventures de la narf. Seul un enfant peut encore y croire.

Reggie cherche à se singulariser en ne se musclant qu'un seul côté. Sa réelle singularité se révélera plus tard. Car si son attitude semble, au début ridicule, nous apprendrons qu'il attendait son heure sans le savoir. Reggie est un enfant qui veut se prouver qu'il est adulte. C'est le seul à ignorer son rôle réel dans l'histoire jusqu'à la fin. C'est en regardant une deuxième fois le film, que nous nous apercevons que la véritable fonction de Reggie était logique.

Mlle Bell est l'amie des animaux. C'est une vieille dame cultivée qui mène une vie paisible. C'est la seule personne qui intéressera Farber. Elle est, pour tous, l'image parfaite de celle qui pourra guérir Story. Si nous nous donnons la peine de regarder d'un peu plus près, nous nous apercevons que Mlle Bell voit, en Story, un animal blessé.

Mr. Dury et son fils. Mr Dury est le spécialiste des mots croisés et son fils voit bien des choses sur un paquet de corn-flakes. Eux aussi cherchent à se singulariser. Gagner des concours de mots croisés est une façon d'exister.

M. Leeds est le plus ancien locataire de la résidence. Taciturne et solitaire, il n'a pas besoin de sortir pour comprendre ce qui se passe autour de lui. D'ailleurs, sa porte est toujours ouverte. Totalement désabusé, il ne voit pas de salut pour l'homme. Il voudra pourtant croire à l'histoire que lui racontera Cleveland, et participera à la cérémonie qui guérira Story.

Le groupe des fumeurs. Ces locataires passent la majorité de leur temps à fumer et à parler de sujets futiles. Ils transgressent les règles sans états d'âme, mais sans méchanceté. Ils ressemblent à de grands adolescents qui ont peur de grandir. Leur attitude est celle de beaucoup de gens qui s'opposent aux codes préétablis pour s'assujettir à une autre règle, toute aussi contraignante, mais supportable parce que, croient-ils, ils l'ont choisie.

Monsieur Perez et ses filles. Voilà une famille qui peut paraître totalement transparente. Pourtant, les cinq filles joueront leur rôle dans le conte. La relation étroite qui les lie fait leur force. Elles ont un côté enfantin et fragile. Dès la première scène, nous savons qu'elles croient au surnaturel.

Anna Ran (et Vick Ran). Le frère et la sœur chahutent et se disputent sans arrêt. Pourtant, ils s'adorent. Anna est dynamique et active. Elle pousse Vick à écrire. Elle sera cependant surprise lors de la prophétie de Story. Encrée dans le concret de la vie, mais capable de croire au « surnaturel », Anna représente un lien qui unit la rationalité de la terre, aux êtres dits « fantastiques ou légendaires » Elle relie Vick ou Story à la matière avec l'autorité d'une grande sœur. Elle accepte la vie telle qu'elle est. Elle saura sortir aisément de sa routine. Il faut se méfier de la routine à laquelle nous sommes plus ou moins astreints. Elle peut enfermer quand elle rend dépendant, quand elle est destinée à supprimer les peurs de l'imprévu.

Vick Ran est l'écrivain que Story doit rencontrer. Cette rencontre va être déterminante. En se libérant de ses peurs, Vick retrouvera la confiance en lui, la clarté des idées, et il reprendra l'écriture. Il serait inexact de penser que ce retour à l'écriture est lié à la révélation de l'avenir du livre. Ce serait le meilleur moyen de passer à côté des messages à transmettre. C'est en revenant à lui-même, c'est en éclairant sa porte intérieure, qu'il peut offrir ses mots au monde.

Harry Farber est le critique de cinéma. Imbu de sa personne, totalement désenchanté, il n'a que mépris pour les gens qui l'entourent, mais aussi pour les films dont il doit faire la critique. Il sera le seul à être tué par la bête, car il est aussi le seul à rester prisonnier de son ego. Il ne voit que ce qu'il est « normal » de voir, tout en parlant d'absence d'originalité. Cette absence d'originalité n'est pas un état de fait, mais le résultat d'une perception négative du monde.

Les personnages comparés

Story et Vick posent un regard extérieur sur le monde. C'est un monde qui n'est pas le sien pour la nymphe, et que Vick accepte de quitter prématurément en terminant l'écriture de son livre. Ils sont tous deux dans l'engagement sans en connaître l'ampleur ni les conséquences.

Le groupe des fumeurs et les cinq filles Perez de la Torre. Suivant les conseils de Mr Farber à la lettre, Cleveland croit voir la guilde dans le groupe des fumeurs. Il aurait peut-être dû penser que la fonction méritait plus de rectitude. Rectitude ne veut pas dire conformisme. La rectitude spirituelle passe par le respect de soi-même et des autres. Le groupe des fumeurs est lié par le même besoin de transgresser les règles, besoin qui est, pour eux, une façon de se singulariser. La tâche était difficile pour Cleveland, et le temps pressait. Il était aisé de se tromper.

Les filles de Mr Perez sont, elles, unies dans leurs peurs et dans leurs jeux, par l'amour fraternel. On ne les voit qu'ensemble, et Cleveland aurait pu penser qu'elles pouvaient constituer la guilde, mais il ne les connaît pas assez. De plus, il n'imagine pas que des femmes puissent occuper cette fonction.

Mr Dury et son fils
Il était facile de se tromper ici aussi. Cleveland est resté bloqué dans le système terrestre des apparences. Il ne pense pas à l'enfant quand il cherche le symboliste. Il faut être attentif aux dialogues pour remarquer que Mr Dury cherche des mots, alors que Joey cherche des signes.

Young-Soon Choi et sa mère. Leur opposition prend sa source dans leurs choix respectifs des extrêmes. Mme Choi ne s'intègre pas dans la société qui est devenue la sienne. Elle rejette tout ce qui est, pour elle, étranger. Mais c'est aussi cet enfermement qui la maintient dans son rôle de détenteur des connaissances anciennes.

Sa fille, elle, s'encre dans sa nouvelle vie, cherche à ressembler aux autres. Elle le fait de façon exagérée et tombe dans l'extrême. Elle essaie de s'éloigner de ses racines. Elle n'a pourtant pas totalement oublié les histoires de son enfance et veut y croire. C'est ce retour à la connaissance du conte, qui participera au sauvetage de Story, mais aussi, à un autre niveau, au sien, à celui de Cleveland et des autres locataires.

LES SCÈNES

Premières scènes : la légende du monde magique des eaux et de celui des hommes.

Au début, l'homme écoute, puis il n'écoute pas bien, et pour finir, il a désappris à écouter.

Cleveland et les Perez. (2 mn 10)
C'est une scène très amusante, avec les coups de balai accompagnés des cris des filles de Mr Perez, dont l'une est armée d'un couteau couperet. Nous découvrons un Cleveland bégayant. Remarquez ses paroles : les créatures n'existent pas.

Arrivée de Mr Farber (3 mn 45) Nous faisons connaissance avec Mr Farber qui semble tout éberlué, et de Young-Soon, à la démarche ondoyante exagérée, et que nous ne voyons que de dos.

Visite du **réparateur** de la **piscine** (4 mn 45). Quelque chose trouble l'eau de la piscine. Cleveland sait que quelqu'un se baigne la nuit.

Mr Farber et Reggie (5 mn 27). Reggie fait de la musculation d'un seul bras. C'est un chercheur dit-il. Reggie peut paraître ici un peu fou, et Mr Farber est de plus en plus surpris. Il a l'air de quelqu'un qui se demande où il est tombé.

Présentation de Mr Leeds (6 mn 36) qui ne dit mot. Cleveland montre la porte de **Mlle Bell** au nouveau locataire. Nous ne voyons que le paillasson décoré d'un chat noir. Il passe devant un autre appartement (celui des fumeurs), puis mène Mr Farber au sien en lui donnant les règles à suivre. Nous apprenons ici la fonction de Mr Farber : critique de cinéma. Le nouveau locataire dénote déjà dans l'aperçu que nous avons de la résidence. La manière dont il coupe court à la conversation et sa façon de demander ses clés à Cleveland en disent long sur le peu de considération qu'il a pour les autres.

Fin de journée pour Cleveland (8mn 08) Cleveland s'est endormi devant la télévision. À son réveil il aperçoit quelque chose dans la piscine et sort avec sa lampe de poche. Quelqu'un récupère l'objet qu'il avait déposé sur un fauteuil, et s'enfonce dans l'eau pour ne plus réapparaître.

Inquiétude de Cleveland (11 mn 26) qui plonge pour sauver l'inconnu, mais ne découvre rien. En sortant de la piscine, il glisse, s'assomme et tombe à l'eau.

Cleveland se réveille chez lui (12 mn 20). Il découvre Story. Il s'aperçoit aussi qu'il ne bégaie plus. Une émotion l'étreint. Il devine qu'il n'a pas affaire à n'importe qui.

Cleveland s'éveille. (15 mn 14) Story est endormie. Il pose une question : « qui êtes-vous au juste ? ». Il entend le mot narf prononcé par Story dans son sommeil. Pour qu'elle se réveille, Cleveland emmène Story à l'extérieur.

Première attaque de la bête (16mn42) Cleveland fuit, Story dans ces bras.

Cleveland s'entretient (17mn48), le lendemain, avec l'officier chargé de récupérer les animaux errants. Pendant ce temps, chez Cleveland, Story sent la présence de la bête, elle sent aussi la présence de l'eau.

Cleveland interroge Young-soon (20mn10) sur le mot narf. Il lui demande de faire des recherches. Elle se rappelle qu'il s'agit d'un personnage d'un conte. Elle n'en sait pas plus. Mais sa mère raconte une partie de l'histoire à Cleveland. Il sait maintenant que la narf vient provoquer « l'éveil » d'une personne (le vaisseau), et repartira sur un aigle géant. La façon dont est présentée l'histoire par la mère de Young-soon est intéressante. « Sa grand-mère racontait l'histoire, comme une prière, comme si c'était vrai ».

Cleveland rentre chez lui (23mn15) Cleveland demande confirmation à Story des informations qu'il a reçues. Elle lui apprend que l'éveil sera donné à un écrivain.

Cleveland recherche l'écrivain parmi les locataires de la résidence (25mn38). Mr Farber n'a rien écrit récemment, Mlle Bell non plus. Mr Dury fait ses mots croisés mais n'écrit pas, ni aucun des fumeurs. Cleveland rencontre Young-Soon, elle n'écrit rien mais lui donne d'autres éléments de l'histoire. Une bête, le scrunt, tue les narfs dès qu'elles sont hors de l'eau. Pendant ce temps, Story collecte des objets brillants, et découvre le journal de Cleveland.

Cleveland rencontre Anna et Vick (31mn12). Vick écrit. Cleveland propose la réparation de la lampe de Vick placée au-dessus de son bureau. Il jette un coup d'œil au titre du livre, et s'en va, découragé : « Petite cuisine ». Mais sa conversation avec Anna et Vick va lui permettre de comprendre que Vick est l'écrivain recherché.

Cleveland rentre chez lui (33mn37). Story a lu son journal. Nous connaissons maintenant le drame qu'a vécu Cleveland. Une phrase importante de la scène : « Vous avez un rôle à jouer. Tous les êtres en ont un ». Vick attend derrière la porte.

Cleveland fait entrer Vick (35mn) qu'il a fait venir au moyen d'un motif futile. L'échange avec Story est concluant. Cleveland est ému, sa mission est remplie. Story peut désormais partir. C'est du moins ce qu'il croit.

Visite chez les Bubchik (37mn27) Cleveland arrive trop tard. La réparation qu'il devait effectuer est faite. Nous ne verrons pas, dans cette scène, Mr Bubchik qui jouera un rôle à la fin du film, mais nous apprenons des détails intimes le concernant, grâce aux indiscrétions de sa femme.

L'heure du départ approche (38mn16) Story se prépare. Elle dit ne plus rien risquer. Il y a des lois. Cleveland la laisse, mais la voit revenir. Ils sont tous deux attaqués par le scrunt. Story est blessée.

Cleveland laisse Story chez Vick (40mn57) et frappe chez Young-Soon. Elle est absente mais sa mère lui téléphone. Il apprend alors qu'un contrepoison existe. Les narfs le cachent dans leurs abris. Mme Choi révèle aussi que les scrunts ont peur des tartutics, personnages fantastiques vivant dans les arbres et protecteurs des narfs.

Cleveland recherche le kii (44mn49) dans l'abri de Story. C'est une entreprise difficile. Il le trouve mais reste enfermé. Il parvient à se libérer, non sans risquer la noyade.

Young-Soon frappe à la porte de Cleveland (47mn55) Elle lui explique qu'il doit se comporter comme un enfant et sa mère lui racontera l'histoire. Elle lui apprend aussi que le scrunt est prêt à enfreindre les lois lorsque la narf est une reine dont le vaisseau est important.
La narf l'ignore. La phrase « On ne vous dit jamais qui vous êtes » est importante. Young-Soon a envie de croire à cette histoire.

Cleveland révèle la particularité de sa mission à Story (49mn05). Elle est une maîtresse narf. Story lui explique qu'il lui est interdit de parler du Monde Bleu.

Cleveland a parlé de la véritable identité de Story (50mn93). Anna croit au surnaturel, et Vick interroge Story qui lui révèle l'avenir de son livre.
La première image de la scène est intéressante. Story se regarde dans un miroir. Il lui renvoie l'image de ce qu'elle croyait être, et de ce qu'elle n'est pas encore.

Les répliques de Vick sont importantes: il dira, par exemple, qu'il n'a plus peur, qu'il arrive à s'entendre.

Cleveland rend visite à Mme Choi (52mn52) pendant que les locataires s'amusent dans la piscine. La scène est amusante. Cleveland fait l'enfant, et Mme Choi succombe. Remarquez le plan sur les filles Perez et sur Reggie, juste avant l'entretien.

Cleveland a entendu la suite de l'histoire. (54mn54) Il **demande confirmation à Story.** Certaines personnes dotées de pouvoirs qu'ils ignorent, peuvent aider la narf à repartir. Story pense que Cleveland est le gardien. Cleveland part à la recherche des autres personnages.

Cleveland consulte Mr Farber. (58mn29) Il lui donne des pistes suivies par les scénaristes ou les écrivains. C'est d'ailleurs ce que Cleveland lui demande.

Cleveland présente les personnes (1h) qu'il pense être le symboliste, les membres de la guilde et le guérisseur, à Story. Ils mettent au point un stratagème pour éloigner la bête : une fête.

Cleveland souhaite **affronter la bête** en tant que gardien (1h04). Il se munit d'un miroir et invoque la formule ancienne. Mais cela ne marche pas. Le scrunt l'attaque.

Cleveland a échappé au scrunt (1h07) grâce à la présence de Mr Farber revenant d'une projection de film. Ils s'entretiennent des scènes récurrentes au cinéma. Écoutez attentivement le passage sur la pluie. Cleveland n'est pas le gardien. Il s'interroge : « Ou est la justice ? »

Young-soon est déçue de ne plus avoir de questions sur l'histoire des narfs (1h09). Cleveland s'entretient avec Mr Leeds. Ce dernier est au courant du drame vécu par Cleveland. La question qu'il lui pose « l'homme mérite-t-il d'être sauvé » aura une réponse positive inattendue. Il lui conseille de ne pas renoncer.

Vick a terminé l'écriture de son livre. (1h11) Il se doute que la sacralisation de ses écrits ne peut advenir sans un drame qui le toucherait. Story le lui confirme. Elle lui rappelle que l'homme croit être seul, mais que tous les hommes sont connectés.

La fête (1h13). Arrivée d'un Mr Farber agréablement surpris de l'accueil qui lui est fait. Son ego s'en trouve renforcé. Pendant ce temps. Cleveland et Story attendent l'heure du départ. Story a peur, elle ne comprend pas pourquoi elle est la maîtresse narf, elle ne veut pas l'être, elle ne sait pas guider. Cleveland la rassure. Pour guider, il ne faut pas ne pas avoir peur, il faut être juste et droit.

Story rejoint la fête pour attendre l'aigle (1h15). Anna surveille le scrunt mais perd son miroir. La musique doit commencer pour attirer la foule et permettre à l'aigle d'approcher, mais rien ne se passe normalement. « L'univers se mettra d'aplomb et révélera qu'on est sur le bon chemin ». Ce sont les mots de Story. Cleveland se demande pourquoi rien ne marche.

Story a disparu. (1h19) Cleveland poursuit le scrunt qui a capturé Story. Il la ramène mourante à l'intérieur. Mais le scrunt entre aussi.

Mlle Bell essaie de guérir Story (1h21) sans résultat.
Mr Dury a des propos très intéressants. À écouter et réécouter. « Trouver sa place ne va pas de soi ». Il s'interroge sur la véritable identité des personnes destinées à aider Story. Cleveland regrette d'avoir demandé conseil à Mr Farber.

Mr Farber face à la bête (1h22). Il prévoit sa fuite, mais n'échappe pas à la mort comme dans le scénario classique d'un film. Il est tué lorsqu'il lui tourne le dos.

Cleveland et les locataires réunis autour de Story cherchent une solution. (1h23). Mr Dury trouve le symboliste.

Joey Dury est l'interprète.(1h24) Il donne des pistes pour trouver les réels protagonistes d'une cérémonie nécessaire à la guérison de Story. Un orage éclate. Les participants à la fête rentrent.

Tout est prêt pour la cérémonie (1h28) Mais rien ne marche, et ceux qui voulaient croire au conte commencent à douter.

Joey revient sur ses paroles. (1h29) Le guérisseur est un homme. Cleveland est le guérisseur, mais il ne le veut pas.
Mr Leeds lui intime l'ordre d'essayer. Le temps presse maintenant.

Collection : « De l'œil à l'Être »

Cleveland guérit Story (1h30) et se guérit lui-même en formulant sa douleur. Pour Cleveland, l'événement s'est reproduit de façon à le libérer. Il était absent quand le scrunt a attaqué, comme il l'était quand sa famille a été agressée.

Story doit partir (1h33) Le scrunt parvient à sortir. Reggie, qui est le véritable gardien, fait reculer la bête. Les Tartutic interviennent. Cleveland remercie Story de lui avoir sauvé la vie. Story s'envole avec l'aigle.

<u>À noter :</u>

Dès le **début du film** Cleveland, armé d'un balai, combat une bête dans le placard de l'appartement des Perez. Il dira : « c'est très très gros, et c'est très très velu » ; pas autant que la bête qu'il devra affronter.

Dans cette séquence on voit aussi les filles de Mr Perez apeurées devant la bestiole de leur placard. On les retrouve à la fin du film, marchant près de la piscine, armés de balais, pour protéger Story de la bête.

A noter aussi, **les traces de pas sur le parquet** quand Cleveland se réveille après avoir risqué la noyade. Ces traces sécheront, mais Story laissera celles de son passage dans les cœurs.

Cleveland cherche l'écrivain, il se rend chez Mr **Dury**. En étant attentifs, et comme nous l'avons dit précédemment, nous pouvons remarquer que Mr Dury cherche des mots, alors que son fils cherche des signes.

Plus tard, quand Cleveland viendra chercher le symboliste, l'enfant dira ce qu'il ressent à la vue d'une image, une sensation de tristesse comme quand son père n'est pas venu le chercher à l'école, et Cleveland vient chercher la mauvaise personne.

<u>Avant que Cleveland joue l'enfant</u> pour obtenir des informations de Mme Choi, une scène montre les locataires au bord de la piscine. Les cinq filles de Mr Perez se tiennent par la main et sautent dans l'eau.
Nous pouvons rapprocher cette image des informations recueillies : « la guilde avec beaucoup de mains qui vont s'unir pour aider ».

Dans cette même scène, on verra Reggie se muscler. On le verra encore plusieurs fois, au moment du départ de Story, et avant qu'elle ne soit capturée par le scrunt.
Cette simple scène nous donnait des indications pour résoudre l'énigme.

<u>Cleveland n'est pas dévoré par le scrunt grâce à l'apparition de Mr Farber.</u> Celui-ci s'étonne de la récurrence, au cinéma, des scènes finales se déroulant sous la pluie. Ce sera le cas dans ce film.

Cleveland trouve une solution : une métaphore pour purification et repartir à zéro. Le « non » catégorique de Mr Farber coupe court à toute explication.

Le réalisateur semble nous rappeler l'aspect symbolique des passages improbables. Nous sommes ici dans un conte, et un conte est empli de symboles.

Mr Farber fait fausse route depuis le début. Il s'accroche à la « normalité». Le cinéma doit aussi nous faire rêver, même quand il est porteur de sens.

L'homme mérite-t-il d'être sauvé ?

C'est la question que pose Mr Leeds à Cleveland. Il connaît son passé douloureux. La réponse positive l'étonne. C'est ici que nous découvrons l'optimisme naturel de Cleveland. C'est un optimisme enfoui. La confiance et l'espoir ne sont pas morts avec sa famille. C'est ce passage qui confirme les qualités nécessaires à la fonction de guérisseur de Cleveland. Rappelons-nous que l'espoir et la confiance sont aussi contagieux que la peur.

Avec M. Night Shyamalan il faut observer les détails. **Tout le long du film**, et à différents niveaux, beaucoup de petits signes peuvent nous mettre sur la voie.

De même, dans notre vie, certains événements, prenant l'allure de peccadilles, pourraient nous mettre sur la voie quand nous hésitons. Mais nous ne savons pas les voir ni les entendre. Nous avons désappris à écouter.

La jeune fille de l'eau – Notre vie a un sens

Collection : « De l'œil à l'Être »

COMPRENDRE

Un film, un livre, une pièce de théâtre, une conversation, même seulement entendue au passage, une rencontre, même quand elle est brève, un papillon qui passe, un bourgeon sur un arbre, un oiseau qui se pose, tout peut nous permettre d'apprendre. Il s'agit d'ouvrir les yeux et de voir avec l'œil intérieur.

Ce chapitre a pour but de récapituler quelques éléments qui pourraient nous permettre de progresser dans notre recherche de nous-mêmes.

Évidemment, nous ne pouvons pas tout voir, ni tout expliquer, mais essayons de voir l'essentiel.

Il ne suffira pas seulement de repérer ce qui est important. Il ne suffira pas seulement de lire les messages, mais de les faire nôtres.

Cherchons en nous ce qui nous rapproche des personnages. Voyons où et quand leurs erreurs sont souvent les nôtres. Ne nous cachons pas que les situations présentées se rapprochent parfois de celles que nous avons vécues ou que nous vivons.

Soyons clairs avec nous-mêmes, sans condamnation ni indulgence, sans jugement.

C'est ainsi que nous progresserons. C'est ainsi que notre vécu deviendra expérience.

Il ne s'agit pas de considérer la projection d'un film, la lecture d'un livre, comme une expérience en tant que telle, mais de comprendre comment elle peut éclairer les actes incompris (totalement ou partiellement) de notre existence.

Rappelons-nous que notre cerveau ne classe, dans le tiroir « expérience acquise » que ce qui est vraiment intégré.

Collection : « De l'œil à l'Être »

Tous les personnages de ce conte croient en l'apparition fantastique sur les simples allégations de Cleveland.

C'est quelque chose qui a été souvent reproché au réalisateur. Mais l'affirmation n'est pas totalement exacte.

Il serait plus juste de dire que les personnages **veulent croire** à la magie, à la pureté des intentions, à une nymphe venue sauver les hommes de leur fatuité et de leur arrogance. Ils **veulent croire** que tout est encore possible. Ils **veulent croire** qu'il existe autre chose que le monde de conflits, de meurtres et de bassesse, qu'ils ont sous leurs yeux (Images de guerre à la télévision).

Si nous essayons d'être plus attentifs, nous remarquerons, qu'ils admirent la narf, ou encore le symboliste, c'est-à-dire les détenteurs de pouvoirs surnaturels immédiats, mais ne cherchent pas à savoir qui est l'écrivain qui va permettre l'évolution du monde.

Ils vivent dans l'instant comme des enfants. Ils **veulent croire** au conte parce qu'il leur donne un rôle qu'ils acceptent et assument. C'est le rôle qu'ils attendaient. Et ils l'acceptent et l'assument parce que ce conte les confirme dans l'espoir qu'ils ont dans le cœur. On les dit naïfs. Je dirais plutôt qu'ils sont atteints du virus de l'espérance. La narf permet l'émergence de cette espérance qu'elle réveille de sa torpeur.

Story et Cleveland se guérissent l'un l'autre.

Cleveland guérit Story à plusieurs niveaux. Il trouve le kii qui va soigner les plaies empoisonnées par les morsures du scrunt. Il l'aide à affronter ses peurs lors de l'exécution de sa mission. Il la rassure lorsqu'elle apprend qu'elle est la reine narf.

Story sauve la vie de Cleveland lorsqu'il s'assomme et tombe à l'eau. Elle le sauve lorsqu'il accepte d'endosser le rôle de guérisseur. Elle lui donne l'occasion de soigner à nouveau, ce qu'il ne veut plus faire. Elle le remet face à sa culpabilité et à sa douleur. Car il était absent lors de l'assassinat des membres de sa famille, comme il l'était lorsque Story a été capturée par le scrunt.

Nos vies se déroulent sous formes de cycles, et de cycles dans d'autres cycles. Nous devons souvent faire face à des événements rappelant des faits traumatisants vécus et non dépassés.

Lorsque la véritable guérison intervient, nous sortons grandis de l'épreuve, nous sommes plus forts, mais surtout nous sommes libres.

Chaque fois que nous acceptons notre douleur, que nous refusons l'enfermement qu'elle occasionne en nous installant dans l'état confortable de victime, nous gagnons une part de liberté. La douleur est légitime, mais la victimisation nous détourne de notre compréhension de la vie, donc de nous-mêmes. Il y a ici un échange. Les épreuves de la chair nous donnent l'occasion de progresser spirituellement, et l'enseignement s'installe ensuite dans le corps.

Ainsi, si nous nous cloîtrons dans une pièce, portes et fenêtres closes, nous pourrons toujours lire que des fleurs s'épanouissent et que des arbres s'élèvent vers le ciel. Nous en aurons une idée confuse tant que nous ne serons pas sortis pour en vivre l'observation. L'expérience doit être vécue à tous les niveaux.

La scène dans laquelle Cleveland soigne Story et se guérit lui-même par la même occasion pourrait nous inciter à tirer la conclusion que Cleveland doit continuer à soigner. Nous ferions là un raccourci pratique. La solution est ailleurs.

Cleveland doit continuer à vivre quelle que soit sa fonction.

Dans cette résidence, il renonce à la vie, il survit, il s'enterre. Sa libération peut aboutir au retour aux soins donnés, mais pas obligatoirement. Il y a de multiples façons de guérir et de servir.

Tous les guérisseurs connaissent le découragement. Tous, aussi, sont, un jour, troublés par les propos des autres, qui voudraient leur faire croire qu'un guérisseur ne peut faire autrement que de soigner. Il faut y voir là, la patte de l'ego. Cette erreur peut même occasionner le blocage d'une progression en route. Le projet de vie d'un guérisseur est, comme les autres, d'évoluer, et d'évoluer, parfois, en faisant progresser les autres. La guérison est un moyen comme un autre d'amener une progression chez lui comme chez le patient, elle doit permettre un éveil.

Au-delà des apparences

Les personnages de ce film se fient parfois aux apparences, comme, d'ailleurs, chacun de nous.

Story voit le gardien en Cleveland, car depuis le début, il la protège.

Cleveland se fait piéger quand il voit, en Mr Farber, le conseiller idéal. Il se trompe parce qu'il cherche à découvrir les personnages d'un film ou d'un livre, alors qu'il devrait croire à la vérité de l'histoire. Il est encore incrédule.
Cleveland a perdu ses certitudes, à moins qu'il n'en ait jamais eu, et Mr Farber est sûr de lui. Il assène ses opinions comme des vérités. Cleveland se trompe quand il croit à l'infaillibilité de l'intellect.

Cleveland suit encore les lois de l'apparence quand il choisit le groupe des fumeurs (des hommes) pour constituer la guilde, ou Mr Dury (l'adulte) pour être le symboliste.

Ces erreurs sont bien humaines et nous devons reconnaître que nous n'aurions pas fait mieux. « Nous avons désappris à écouter », mais aussi à voir. Il faut de nombreuses expériences et un travail acharné sur nous-mêmes pour parvenir à être réellement attentifs. Notre ego est très adroit pour nous détourner de la vérité.

Le scrunt pourrait être, ici, la représentation de l'ego, celui qui n'est visible que dans un miroir, celui qui prend l'apparence de son environnement, celui qui tente d'empêcher la progression spirituelle, celui qui peut vous dévorer lorsque vous avez le dos tourné, c'est-à-dire, quand il prend le pouvoir en voilant nos regards, pour que nous tombions dans le piège des apparences.

L'homme a désappris à écouter

Ce terme de « désappris » est important.

Au fond de nous, nous savons beaucoup de choses. Nous croyons apprendre, mais nous réapprenons. C'est, par exemple, dans le film, le retour de Young Soon aux histoires de son enfance. Elle connaît l'histoire, mais elle l'a oubliée.

Nous croyons aller de l'avant (et c'est vrai sur un certain plan), mais nous retournons au connu. De vie en vie, nous revenons à notre divinité perdue, nous rentrons à la maison.

Pour cela nous avons besoin de guides.

Ce seront parfois des personnages extraordinaires ou fantastiques (ici, la narf), ou des personnes célèbres reconnues pour leur sagesse, ou encore des cinéastes ou des écrivains.

Ils pourront être aussi des personnes totalement ordinaires. Ces personnes ne se mettront pas devant un tableau pour nous donner un cours magistral. Ils prononceront une phrase ou un mot, ils feront un geste, consciemment ou pas, qui éveillera quelque chose en nous, qui éclairera le chemin vers une porte que nous serons libres de pousser.

Ceux qui nous barrent la route ou qui nous blessent sont parfois des guides. Leur méchanceté ou leur égoïsme peut amener un éveil ou, au moins, une progression. Leurs karmas seront marqués de leurs intentions et non du résultat.

Dans les deux derniers cas, c'est notre perception de l'événement qui fera de ces personnes des guides ou pas.

Il faut réapprendre à écouter pour deviner les projets de l'univers.

On ne vous dit jamais qui vous êtes

Voilà une grande difficulté ! Personne n'y échappe.
Nous nous incarnons avec un projet de vie (Je n'aime pas employer le mot mission. C'est un mot qu'adorent nos ego).

Ce projet n'est pas d'être écrivain, homme politique, ou cordonnier par exemple. Le métier, la fonction ne sont que des outils pour parvenir au but.

Le but ultime est de retrouver notre divinité. Cela passe par la connaissance. Le projet de vie va toujours être l'acquisition de connaissances particulières pour évoluer. Il ne s'agit pas ici de connaissances intellectuelles mais spirituelles.

Si, par exemple (et pour faire simple), vous êtes venu apprendre à « servir », mieux vaut être infirmière que maçon, mais pas toujours. Vous naîtrez dans une famille qui vous permettra d'être dans le service, soit qu'elle vous y encourage, soit qu'elle s'y oppose. Les rejets, les oppositions sont des moteurs aussi puissants que les encouragements. Selon votre évolution spirituelle, des moyens vous seront parfois donnés, mais des obstacles vous barreront aussi la route, car il faudra vous mettre à l'épreuve. Rien n'est simple, et les événements de votre vie devront être en concordance avec votre karma.

Non seulement nous ne savons pas qui nous sommes, mais il est très difficile de le deviner. Nous mourons parfois dans l'ignorance ou dans l'erreur.

Notre ego nous pousse à faire des raccourcis. Il voile notre regard de façon à nous éloigner d'une réelle objectivité. Le but de chaque incarnation est, nous l'avons dit, la progression. Elle passe par l'acquisition des connaissances spirituelles. Chaque minute de notre vie est une occasion d'apprendre. Chaque compréhension est un pas supplémentaire dans l'ascension de la « montagne de l'âme ».

C'est une ascension difficile mais passionnante si nous nous donnons la peine de nous poser les bonnes questions, si nous ne nous trompons pas de combat. L'ennemi n'est pas en l'autre mais en nous-mêmes.
Évidemment, il ne faut pas prendre les mots « combat » et « ennemi » dans un sens terrestre.

La lutte se mène contre l'ego. C'est pourtant un adversaire que nous ne vaincrons jamais, et d'ailleurs, que nous ne devons pas vaincre. Il s'agit de parvenir à vivre en bonne entente avec lui, tout en ne lui cédant rien sur certains points. L'ego cherche toujours à nous pousser aux extrêmes, car c'est dans les extrêmes qu'il prend le pouvoir. La solution est dans l'équilibre.

La reine narf

Même la reine narf ne sait pas qu'elle l'est. Elle est mise à l'épreuve. Elle doit prouver qu'elle peut devenir un guide pour son peuple. Ne pas avoir peur n'est pas une performance mais une bizarrerie. La reine narf doit rester elle-même, elle doit demeurer juste et droite malgré les épreuves et les dangers.

Le plus souvent, dans notre monde, ceux qui ont le pouvoir spirituel, ne cherchent pas à le détenir (Il ne s'agit évidemment pas, ici, de pouvoir humain). Ils ne le demandent pas. Ils l'ont sans doute acquis avant de s'incarner.

Ces personnes mènent souvent une vie anonyme et anodine, et ne souhaitent rien d'autre. La réalisation de leurs projets de vie, dont elles ignorent tout, les oblige à faire face à des épreuves difficiles dont l'intensité dépend de leur évolution spirituelle. En effet, plus cette évolution est importante, plus les épreuves sont rudes, mais on ne vous impose que celles que vous êtes capables de dépasser. Ces personnes ont peur comme les autres, elles souffrent, elles peinent, elles se découragent parfois. C'est là qu'elles peuvent faillir en tombant dans les pièges de l'ego. C'est là que la chute peut être terrible pour certaines.

Collection : « De l'œil à l'Être »

Elle pense que cela s'apprend.

Story suggère que les rôles de gardien, guérisseur, membres de la guilde et symboliste s'apprennent.

Nous avons tous un rôle dans ce monde, et nous aussi, nous devons apprendre à l'interpréter.

La terre est une vaste scène où se joue une grande pièce de théâtre dont la représentation ne cesse pas. À l'intérieur, des comédies et des drames individuels et collectifs semblent indépendants de la première pièce, mais ils ne le sont pas. Nous sommes tous liés. Le rôle principal d'une des représentations est un rôle de figurant pour une autre. Chaque intervenant a son importance. Chaque événement, aussi petit soit-il, provoque une réaction au plan général. La particularité de cette pièce de théâtre est que ses acteurs ignorent ce qu'ils doivent interpréter et n'ont pas connaissance du scénario.

Dès que notre spiritualité s'ouvre, nous commençons à prendre conscience que nous avons un rôle à jouer, et qu'il dépasse les considérations purement humaines. Nous nous mettons alors en quête de vérité, nous cherchons à apprendre ou à découvrir notre réelle identité. Notre rôle véritable nous échappera toujours en partie. Il nous est donné pour nous permettre d'évoluer. À nous d'adopter le bon ton. Ce n'est pas facile. Au début, nous croyons marcher dans l'obscurité, et nous cherchons la lumière. En réalité, nos ego forment un écran destiné à nous protéger de l'éblouissement, mais il prend son travail trop au sérieux, et nous finissons par accepter de vivre dans l'ombre.

Le scrunt arrive en même temps que la narf

Le mal n'existe pas sans le bien. Ils naissent en même temps et restent toujours intimement liés.

Ces notions de bien et de mal sont subjectives. Elles résultent toutes deux d'un certain point de vue. Le lion est le mal pour la gazelle. Pour le lion (et ses congénères), il se nourrit tout simplement.

Le scrunt est le mal pour la narf, mais il fait ce qu'il est venu faire : empêcher la mission de la narf. Pour le scrunt, la narf incarne le mal puisqu'elle vient déranger l'ordre établi.

Chaque fois que nous subissons une épreuve difficile, nous la qualifions de mauvaise expérience. Elle ne l'est plus quand elle devient une occasion de progresser.

Le personnage secondaire antipathique

Le personnage de Mr Farber est intéressant. Imbu de sa personne, sûr de lui, il en impose à un Cleveland écrasé par le drame qu'il a vécu. Mr Farber est aussi plein de certitudes que Cleveland de doutes. Pour Cleveland, Mr Farber représente la réussite sociale comme preuve de son intelligence et de sa compétence.

Même si Mr Farber est sous la coupe de son ego qui le pousse au mépris et à la suffisance, Cleveland, innocemment, le conforte dans cette attitude. Cleveland est, lui aussi, victime de son ego qui l'invite à s'abaisser, non seulement devant Mr Farber, mais aussi devant les autres locataires. Ainsi, nos deux personnages s'encouragent mutuellement à demeurer dans leurs travers.

Notre personnage secondaire antipathique n'a pas cette attitude avec Miss Bell qui a su se mettre à son niveau en lui révélant qu'elle avait écrit un livre.

(Voir aussi les personnages de « Cœur de Framboise à la frantonienne » ou Dragon-3 p 63 Recueil de l'Être)

Nous rencontrons tous les jours des Mr Farber qui ne savent pas vivre autrement qu'en fonction de leur petite personne.

Nous dirons de lui, comme du scrunt, que son ego fait ce qu'il est venu faire, empêcher la réalisation de la mission de la narf, même s'il est libre de choisir une autre voie.

On a beaucoup dit que le réalisateur réglait ses comptes avec les critiques de cinéma grâce à ce personnage. C'est possible. Nous n'en débattrons pas.

L'important est ici de comprendre comment nous faisons excessivement confiance à l'intellect, et comment nous négligeons notre intuition. La voix intérieure passe trop souvent au second plan. C'est ainsi que Cleveland tombera dans l'erreur en suivant à la lettre les conseils de Mr Farber. Nous avons aussi désappris à écouter la petite voix. Cette conseillère fidèle est presque toujours réduite au silence.

Qui a mis cette jeune fille en danger

C'est la question que pose Mr Dury quand il comprend que Cleveland a demandé conseil. Cleveland expliquera : « il a fait comme s'il savait ». Le passage immédiat à la scène montrant Mr Farber face au monstre, montre du doigt le responsable. Mais il n'est qu'un responsable facile, car il l'est autant que Cleveland, qui, peu confiant en son propre jugement, et ne sachant où chercher, applique à la lettre ce qu'il entend. Cleveland fait une confiance aveugle à celui qui **semble** détenir la connaissance parce qu'il est sûr de lui. Plus tard, il saura trouver « celui dont les avis font autorité ». Quelque part, Mr Farber et Cleveland sont aussi peu à l'écoute de leur voix intérieure l'un que l'autre. La différence est que l'un bascule dans la suffisance, l'autre dans la générosité. Pour l'un, l'ego a pris toute la place, l'autre a un grand cœur incorruptible.

Servir

Dans notre progression spirituelle, il vient un temps où nous entrons au service des autres. C'est une autre façon d'apprendre et de progresser. Le service implique un don de soi, une capacité à accompagner l'autre, à écouter et à comprendre. N'oublions pas, cependant, que le service exclut la servilité.

Cleveland était médecin. De par sa fonction, et en théorie, il était au service des autres. Mais nous ne connaissons sa véritable capacité à servir que lorsqu'il abandonne sa profession. Son choix d'être gardien d'immeuble lui impose encore un service, mais il l'exerce avec tristesse, un peu pour se punir, et devient servile. Au moment où il soigne Story, il se réconcilie avec lui-même. Il pourra ensuite choisir de reprendre son activité première ou de conserver son deuxième métier. Peu importe. L'important est qu'il exerce l'un ou l'autre en se respectant, et en étant conscient de ses choix.

<u>Story</u> est venue aider les hommes. Elle a accepté de les servir pendant un temps au moins. Nous ne pouvons douter que ce service soit un don de soi puisqu'elle risque sa vie pour cela. Il en est de même de <u>Vick</u> qui accepte de publier son livre en sachant qu'il le paiera de sa vie.

Story et Vick ont un regard extérieur sur ce monde, nous l'avons dit. Ils sont détachés, et en même temps impliqués ; impliqués dans la mesure où ils aident les autres, et reçoivent leur aide ; détachés quand ils acceptent les dangers de leurs situations.

Le personnage de Vick

Le réalisateur interprète ce personnage. La critique lui a reproché de se donner le beau rôle, celui du sauveur, celui par qui les changements arrivent. C'est, après tout, possible, mais ce n'est pas le plus important.

D'ailleurs, le beau rôle n'est pas donné à Vick, mais à son livre et aux paroles écrites. Vick est le « vaisseau », celui qui va porter les mots du changement. Son corps disparaîtra mais ses mots resteront.

Ce personnage nous rappelle que, depuis toujours, ceux qui disent la vérité vivent trop peu pour la clamer longtemps. Guy Béart le chantait de manière très gaie.

L'influence de Story va réveiller, en Vick, la volonté de poursuivre son œuvre. Malgré les révélations qu'elle lui fait, ou peut-être grâce à elles, il reste humble. Malgré la mort programmée et devinée, il accepte et assume son projet de vie. Tout réside dans l'éveil qui supprime la peur, car la peur paralyse, rend aveugle et sourd aux messages de l'univers. La peur bâillonne la petite voix, elle l'enferme plus sûrement que la plus solide des prisons. Il ne s'agit pas ici de peur primaire, mais de la peur de prendre ses responsabilités.

Vick est un homme ordinaire et qui le reste. Il est cependant capable de belles créations. N'importe qui peut se reconnaître en Vick quand il parle, quand il s'interroge, quand il a peur. Chacun de nous peut offrir la beauté et la vérité. Chacun de nous a aussi son rôle à jouer, un rôle peut-être moins glorieux, du point de vue terrestre, que celui de l'écrivain célèbre, mais tout aussi important du point de vue de l'univers.

Que seraient les paroles de vérité sans le gardien dévoué, sans l'étudiante curieuse, sans les mots du conte transmis par la voix d'une petite bonne femme étrangère enfermée dans sa peur de l'autre.

Collection : « De l'œil à l'Être »

Nous sommes tous connectés

C'est ce que dit Story à Vick. Vick, comme beaucoup d'entre nous, se sent seul et croit à cette solitude. Ce sentiment a un sens, seulement quand nous sommes livrés à notre ego.

Nous pouvons observer les plus grandes solitudes parmi les gens les plus entourés. Car beaucoup se noient dans les rencontres organisées, dans les festivités programmées, dans les sorties dites d'agrément, mais rendues obligatoires par la peur du silence.

D'autres personnes sont parfois isolées d'un point de vue extérieur, mais elles sont tellement proches de leurs âmes, elles ont une telle connivence avec l'univers, qu'elles ne se sentent jamais vraiment seules.

Tout se passe à l'intérieur. Tout est possible quand nous travaillons sur nous-mêmes, quand nous affinons notre perception du monde. Nous avons une vue très limitée de ce qui nous entoure. Même quand notre bouche déclare que le monde est petit, même quand nous nous émerveillons de l'immensité de l'univers, nous revenons vite à l'espace rassurant mais étriqué de notre petite personne.

Croire

Le film nous invite à croire. Il ne s'agit pas ici de croire en une nymphe déposée par un aigle d'un point de vue purement matériel.

Il s'agit de croire que beaucoup de choses sont possibles si nous commençons par croire en nous-mêmes, à croire en quelque chose de plus grand et qui nous dépasse, à croire en un projet auquel nous aurions souscrit et que nous aurions oublié.

Les personnages du film veulent croire en la mission de Story parce qu'ils pensent, parce qu'ils croient que le monde peut encore changer. Tout au fond d'eux-mêmes vit une étincelle d'espoir qui ne demande qu'à devenir un grand feu.

Nous avons désappris à croire, mais cette petite flamme nommée espoir peut naître en chacun de nous pour nous mener à la confiance.

Espoir, croire, confiance ! Des mots bien trop lumineux pour nos ego, et jetés dans la corbeille bien pratique de l'utopie.

Collection : « De l'œil à l'Être »

À L'ÉCOUTE DES AUTRES

Chacun de nous est, un jour ou l'autre, confronté au problème de devoir aider quelqu'un (ami, collègue, voisin, simple connaissance). Certains d'entre nous font partie d'associations et apportent leur soutien aux autres quotidiennement.

Vous conseillerez bien sûr la consultation d'un médecin ou d'un psychologue à la personne que vous souhaitez aider, mais vous pourrez vous rendre compte que cela convient, ou suffit, à certains, mais pas à d'autres. Ceux à qui cela ne convient pas ont surtout besoin d'écoute.

Cette rubrique a pour but de soulever certains problèmes que nous pouvons rencontrer dans nos relations à l'autre qu'elles soient amicales, ou professionnelles, bénévoles ou rémunérées. Les lignes qui suivent donnent des pistes que vous êtes libres de suivre ou pas. Ce ne sont que des pistes, vous devez faire confiance à votre intuition.
Vous vous retrouverez devant des cas identiques, mais aussi devant d'autres, ayant l'apparence de la similitude dans leurs effets, mais qui se révéleront profondément différents dans leurs causes. Le but étant de soigner les causes, les méthodes vont varier. Faites-vous confiance tout en ayant un œil sur votre ego. L'ego est comme un enfant capricieux qui cherche à avoir le dernier mot. Il vous soufflera que vous connaissez déjà ce cas, que ce sera facile, et quelques fois même, que vous êtes le meilleur. Parfois aussi, il vous dira que vous ne trouverez jamais, et

que vous êtes nul. Vous devez bien entendu, ne pas oublier ce que vous connaissez, mais tout doit être bien rangé dans un tiroir entrouvert, prêt à être ressorti. Vous devez toujours considérer le cas que vous avez devant vous comme inédit. C'est ainsi que vous éviterez les erreurs d'appréciation. Vous devez savoir que vous ne savez rien, même si votre ego vous dit que vous savez tout.

Essayez de comprendre la personne que vous avez devant vous. Faites-le, pour elle, et à travers elle. Devenez empathique et vous trouverez ce qu'il faut dire, vous entendrez ce qui se cache derrière ses mots à elle, derrière ses silences, ses larmes et ses rires. Souvenez-vous que cette personne est un autre vous-même. Si elle éprouve des émotions, vous en éprouvez aussi, et si vous sentez les siennes, elle sent aussi les vôtres.
Si vous essayez de guérir, de soigner, alors ce sera l'échec ou la semi-réussite. Guérir ou soigner vient toujours en second. C'est le résultat de votre empathie. Chaque fois que vous voulez guérir ou soigner pour faire le bien, vous êtes dans l'ego, car nul ne sait où sont le bien et le mal.
Quand vous êtes dans la compassion (je n'ai pas dit la pitié), vous laissez l'autre choisir sa voie, vous l'aidez à ouvrir, chez elle, le passage qui lie le corps et l'esprit.
Profitez de ce travail pour progresser vous-même. Quand le patient est parti, demandez-vous ce qu'il vous a donné, ce qu'il vous a appris de vous-même, ce qu'il vous a permis de comprendre et peut-être même ce qu'il a guéri en vous. Quand le travail devient échange, il est doublement réussi.

Collection : « De l'œil à l'Être »

Le sentiment de culpabilité

Cleveland était absent le jour où les membres de sa famille ont été assassinés. Il se culpabilise. Il a tout abandonné pour devenir gardien d'un immeuble. Il était médecin. C'est une façon pour lui d'abaisser sa condition, de se punir. Avec l'arrivée de Story, il est mis en situation de se guérir.

1) L'exemple de Cleveland : comment se guérit-il ?

a) À première vue

1- <u>Il se guérit en soignant à nouveau</u> car le cheminement erroné est le suivant :

$$\boxed{\text{Médecin}} = \boxed{\text{Absence}} = \boxed{\text{Abandon de sa famille}}$$
$$\Longrightarrow \boxed{\text{Réussite de l'assassinat.}}$$

L'important n'est pas ici le fait de soigner, mais le fait de revenir à ce qu'il était. C'est une façon de fermer le cycle.

2- <u>Il se guérit en exprimant sa douleur et sa culpabilité.</u>

Le cheminement erroné est ici :

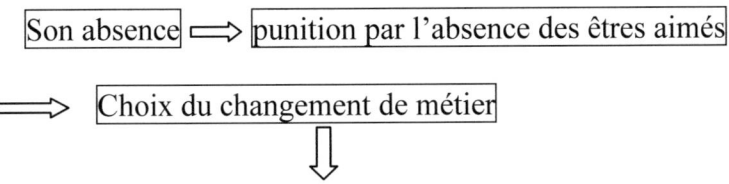

En choisissant sa nouvelle vie, il se cache à ses propres yeux. S'exprimer c'est se regarder en face, c'est admettre sa souffrance, celle de l'absence des êtres aimés, celle de ne pas avoir été là.

b) Avec le recul

Ces premiers éléments sont exacts et il est important de les comprendre, mais il faut aller plus loin.

Chaque fois qu'un traumatisme n'est pas résolu, il faut se rappeler que l'ego n'est pas loin. L'ego n'intervient pas pour nous détruire, mais pour nous protéger. C'est pour cette raison qu'il faut essayer de vivre en harmonie avec lui, mais ne jamais le perdre de vue.

Quand Cleveland rattache son absence à son métier, il remet en cause ses choix, mais surtout il atténue la souffrance de la culpabilité en y ajoutant une touche de victimisation qui le protège. Il rejette une part de sa faute.

Malgré cette touche de victimisation, le problème à résoudre est ici la culpabilité.

L'ego va insuffler en nous que notre présence aurait tout changé. C'est là une arrogance bien humaine. Nous croyons avoir tout pouvoir sur le monde. Nous croyons être tout puissants.

Cleveland se guérit en acceptant l'irrationnel. Il comprend que certaines choses échappent à ses calculs. Il comprend que Story souhaite partir et l'aide. En la soignant, il accepte ce départ, mais il accepte aussi le départ de ses proches comme quelque chose sur lequel il n'a pas de prise. Il accepte son impuissance.

Lorsqu'il soigne Story, non en tant que médecin, mais en tant que guérisseur, il fait la démonstration que la guérison intervient par amour. L'acte de guérir est un geste du cœur. Il s'agit ici d'amour que l'on pourrait qualifier de divin. Le guérisseur ne guérit pas parce qu'il le veut, mais parce qu'il le souhaite du plus profond de son être. Même s'il n'en a pas une conscience profonde, il aime par-dessus tout. Cleveland renoue avec la conscience de cet amour.

2) Aider les autres à partir de l'exemple de Cleveland

La culpabilité est souvent présente chez les patients. Vous les verrez cependant souvent se présenter en victimes. C'est une façon de se cacher leur culpabilité, puisque, se culpabiliser, c'est estimer avoir quelque chose à se reprocher.

Comme nous l'avons vu dans « V pour Vendetta – Vi Veri Verniversum Vivus Vici », dans beaucoup de traumatismes non dépassés, le patient bascule de l'état de coupable à celui de victime, et vice versa, jusqu'à l'apparition de l'équilibre.

La victimisation n'est pas forcément un écran direct à la culpabilité, mais elle n'est jamais très loin. Elle est presque toujours un refus des responsabilités.

Pour certains, et pour que l'équilibre s'établisse, il vous faudra déterminer le sentiment de départ.

La première étape vous amènera donc à établir le schéma visible de fonctionnement et à en parler avec le malade, ce qu'il fera sans grand effort. Il en tirera un bénéfice immédiat et pensera avoir trouvé la solution à son problème.
Mais vous, vous savez que ce n'est qu'une étape. Il vous faudra débusquer l'ego que le patient ne veut pas, ou ne peut pas voir.

Pour cela, il faudra manœuvrer avec adresse. Si vous parlez immédiatement d'ego au malade, vous récolterez le plus souvent, au mieux des objections, souvent une opposition, parfois même violente. C'est que la plupart des interlocuteurs donnent une connotation négative au mot ego, qu'il rapproche d'égoïste, sans se douter que l'ego est un compagnon de route incontournable dont les nombreuses actions, visant d'abord à nous protéger, nous maintiennent dans l'obscurité, tout en nous faisant croire que nous y voyons clair.

Étudions les patients en phase de culpabilité.

L'ego ne nous plonge pas dans la culpabilité pour nous faire souffrir, même si c'est le cas, mais pour nous maintenir dans l'idée que nous gardons le contrôle de la situation, un contrôle que nous n'avons jamais vraiment eu. La culpabilité nous permet de continuer à croire que nous avons un pouvoir sur tout, alors que certains événements nous échappent totalement. Cette tromperie de l'ego nous protège car nous aurions beaucoup de mal à tomber brusquement dans cette réalité. C'est l'allégorie de la caverne racontée par Platon.

Tout dépendra ensuite du cas que vous aurez à traiter. Si vous aviez, par exemple, un Cleveland face à vous, vous commenceriez par lui dire qu'il n'est pas coupable de ce qui est arrivé et que sa présence n'aurait rien changé, ce qu'il se répète souvent sans résultat.

Vous insisteriez ensuite sur le fait que son erreur est bien humaine. Elle ne réside pas dans le fait de s'octroyer la responsabilité des meurtres à cause de son absence, mais dans celui, <u>avant même la tragédie</u>, de croire, et d'avoir toujours cru, être responsable du bien-être de ses proches, et donc d'être comptable de leur vie et de leur mort.

Il faut donc aller bien plus loin, et scruter notre perception du monde et de la vie, bien avant l'événement déclencheur du traumatisme.

Trouver sa place

Nous rencontrons souvent des personnes qui souhaitent se singulariser. Cela peut passer par l'originalité (comme Reggie), par un conformisme à d'autres valeurs (le groupe des fumeurs). Ces réactions sont souvent une façon d'éliminer une souffrance. Cela peut-être aussi une façon d'exprimer un rejet des normes de ce monde.

Les manifestations de ce mal-être sont parfois plus insidieuses.

C'est le cas par exemple de <u>certaines</u> obésités. Les personnes grossissent pour être visibles en prenant physiquement « de la place ». *(Voir « V pour Vendetta – Vi Veri Veniversum Vivus Vici »)*

C'est le cas aussi de nombreuses et douloureuses réactions d'adolescents. La « crise d'adolescence » est normale, les remises en cause de ce qui fait nos valeurs, et surtout celles des parents, aussi. Nous pouvons tout de même relever des particularités chez certains.

C'est le cas aussi de personnes tombant dans la méchanceté, ou le mépris pour les autres. Ils reprochent au monde son manque d'originalité, tout en se conformant à toutes les règles. C'est Mr Farber décriant une société lisse, mais choqué, par exemple, de l'attitude originale de Reggie.

Ce besoin de se singulariser témoigne, à première vue, d'une envie de sortir de la masse, de ne pas être comme tout le monde.

Dans un deuxième temps de réflexion, nous devinerons aisément qu'il y a pourtant, à la base, le simple besoin d'exister. La manifestation de ce mal-être va différer selon les émotions qui l'accompagnent, la peur par exemple.

Nous devons voir dans cette attitude la patte de l'ego qui est chargé de notre protection terrestre.

Ceux qui ne se distinguent pas, d'une manière ou d'une autre, de façon visible, ne sont pas, pour autant, à l'aise dans ce qu'ils sont. Il est des souffrances muettes plus dévastatrices que celles qui se crient.

Quand un patient, pas vraiment malade, mais ressentant un malaise, souvent déprimé, et évidemment menacé de dépression, consulte, il sera tentant de soigner le mal-être en oubliant ce qui l'a provoqué.

En effet, il est possible que vous ayez devant vous, un être prêt à des changements spirituels importants. Le patient doit changer sa perception de la vie. Son ego va utiliser le confort de la routine, et la peur du changement pour l'arrêter en route. Pourtant, au fond de lui, le patient sent qu'il passe à côté de quelque chose, ce qui crée son malaise. L'ego l'encouragera à se polariser sur ce malaise pour arrêter sa progression.

Votre travail va consister à contrer l'ego, non en vous y opposant (l'ego est incontournable), mais en menant une opération pédagogique tout en remontant aux sources.

La première règle est de vous méfier des personnes larmoyantes, qui se plaignent de n'être rien, de ne pas avoir confiance en elles, de n'arriver à rien parce qu'elles n'ont pas conscience de ce qu'elles sont. Elles viendront, et reviendront vous voir, pour entendre qu'elles sont tout, qu'elles méritent mieux, « qu'elles le valent bien », tout cela de façon si adroite, qu'il est facile de tomber dans le piège, et elles entendront ces messages dans les paroles réconfortantes que vous aurez prononcées. Complètement sous la coupe de leur ego, elles ont une très haute opinion d'elles-mêmes et n'apprennent rien par manque d'humilité. Ces personnes ont un vrai problème existentiel qui mériterait largement une thérapie, mais qu'il est difficile de régler. En effet, au moment où vous n'entrez plus dans leur jeu pour pouvoir les aider, elles disparaissent.

Voici maintenant un cas classique, (mais il peut y avoir des nuances et même des différences importantes). Vous avez devant vous une personne qui ne peut pas vraiment vous dire ce qui se passe. Elle insistera même sur les points positifs de sa vie. Elle ne montrera jamais rien aux autres et viendra vous voir pour des motifs divers (elle ne peut pas faire sa vie, elle ne réussit pas professionnellement, etc.).

La première difficulté va être de l'aider à comprendre qu'elle ne parvient à rien parce qu'elle s'obstine à paraître ce qu'elle n'est pas. Elle ne laisse pas parler sa nature et met toutes ses forces à se conformer à l'attitude des autres, pour ne pas être jugée, pour ne pas être mise à l'écart.

Non seulement les autres le sentent à un moment ou à un autre, mais sa vraie nature disparaît derrière l'image qu'elle veut donner. Elle n'est plus rien, elle n'existe plus. Noyée dans la masse, elle n'est qu'un numéro.

Le dilemme est né. C'est très clair chez les adolescents. On cherche à se distinguer tout en se conformant. Cette situation ne peut qu'engendrer une souffrance.

Dans la deuxième étape il s'agira de travailler sur cette notion d'existence. De façon plus ou moins consciente, la personne pense qu'elle n'existe pas ou plus. Le lui dire ainsi ne suffit pas. Il serait plus judicieux de l'aider à prendre conscience qu'elle choisit d'être une image pour les autres, et qu'elle est un fugitif pour elle-même. Elle se fuit pour exister pour les autres.

Nous aborderons ensuite la troisième étape. Dire à cette personne qu'il ne faut pas se conformer est inutile. Non seulement elle le sait, mais, en plus, il faut bien avouer que nous sommes obligés de nous conformer un minimum.

La solution est celle-ci :
    a) Bien évidemment, éviter de se conformer quand c'est possible.
    b) Quand on ne peut faire autrement, il suffit de passer

De   se conformer pour soi-même, pour ne pas être rejeté

À   se conformer pour les autres, pour ne pas les blesser ou les choquer.

C'est passer du respect des apparences pures dans les lois de l'ego, au respect des autres et à l'amitié.

En général, la solution est acceptée avec optimisme par les patients. Leur vie n'est plus régie par la contrainte. La méthode demande tout de même un effort. C'est loin d'être facile, car il y a une distance entre, énoncer les motivations qui doivent être les nôtres, et les réaliser pleinement. Mais la méthode permet un retour à des valeurs positives.

Collection : « De l'œil à l'Être »

CONCLUSION

Il est temps de clore notre étude, même s'il reste encore beaucoup à découvrir. Ne retournez pas trop vite à l'âge adulte cher lecteur. Goûtez encore un moment les privilèges spirituels de l'enfance qui voit et entend ce qui nous échappe désormais, mais surtout, qui sait encore croire. Car nous avons désappris à croire aussi !

J'espère que ce film vous aura donné envie de revenir, de temps en temps, à la vision simple du tout petit qui sait si bien s'émerveiller de tout.

Vous me direz sans doute que c'est impossible dans notre société où l'on donne tant d'importance à l'apparence.
C'est oublier que garder une âme d'enfant n'a pas besoin de sorties fracassantes, de comédies, ni de publicité. C'est peut-être juste une façon plus saine et plus simple de voir la vie.

Ce film pointe du doigt notre ignorance de la véritable identité de chacun, et du rôle que nous avons à jouer.
Beaucoup souffrent de n'être rien, alors qu'ils font partie d'un immense puzzle dont chaque pièce est essentielle. Nous sommes liés les uns aux autres par un fil invisible mais puissant. Chacune de nos douleurs fait tressaillir la terre. Chaque main tendue, chaque sourire est une bénédiction pour l'univers entier.

Tendons l'oreille et réapprenons à écouter.
Ouvrons nos cœurs pour accueillir l'enfant que nous avons toujours été.

La jeune fille de l'eau – Notre vie a un sens

Collection : « De l'œil à l'Être »

Table des matières

LA COLLECTION « DE L'ŒIL A L'ÊTRE » 7
INTRODUCTION 11
SYNOPSIS ET FICHE TECHNIQUE 15
    Synopsis : 15
    Fiche technique : 15
    Distribution : 16
    Box-office France : 17
    Sortie DVD : 17
ENVIRONNEMENT 19
LES PERSONNAGES 21
    Premier aperçu 21
    Les personnages 21
    Les personnages comparés 25
LES SCÈNES 27
COMPRENDRE 39
    Tous les personnages de ce conte croient 41
    Story et Cleveland se guérissent l'un l'autre 42
    Au-delà des apparences 44
    L'homme a désappris à écouter 45
    On ne vous dit jamais qui vous êtes 46
    La reine narf 48
    Elle pense que cela s'apprend. 49

Le scrunt arrive en même temps que la narf 50
Le personnage secondaire antipathique 50
Qui a mis cette jeune fille en danger 52
Servir 52
Le personnage de Vick 53
Nous sommes tous connectés 55
Croire 55
À L'ÉCOUTE DES AUTRES 57
Le sentiment de culpabilité 59
Trouver sa place 63
CONCLUSION 67

Collection : « De l'œil à l'Être »